MIEUX COMMUNIQUER GRÂCE AUX ÉMOTIONS

ROBERT ZUILI

Mon carnet bien-être

MIEUX COMMUNIQUER GRÂCE AUX ÉMOTIONS

MANGO

BIEN COMMUNIQUER, C'EST ÉMOUVOIR… ET ÉMOUVANT AUSSI 7

L'ART DE FORMULER LES CHOSES 17

QUAND L'ÉMOTION DEVIENT UN LANGAGE 39

COMMUNIQUER POUR SE COMPRENDRE MUTUELLEMENT 65

À L'ÉPREUVE DE LA COMMUNICATION 101

CONCLUSION 113

BIEN COMMUNIQUER, C'EST ÉMOUVOIR... ET ÉMOUVANT AUSSI

Quel que soit le cursus ou le niveau scolaire de chacun d'entre nous, quel que soit le mode éducatif dont nous avons bénéficié, le rôle de nos émotions dans notre façon de communiquer n'a jamais vraiment été étudié ni présenté dans un manuel d'apprentissage et de développement de nos capacités émotionnelles...

Nos parents, les premiers, ne nous alertent pas sur l'impact de nos émotions dans la manière que nous avons de dialoguer !

C'EST COMME SI ÇA DEVAIT ÊTRE NATUREL !

Aucune consigne ne nous affranchit du rôle parfois terriblement perturbateur de nos ressentis sur notre façon de nous exprimer. À l'inverse, nous entendons dire parfois que « les plus forts sont ceux qui se montrent imperturbables face aux émotions », ce qui sous-entend que nos émotions trahissent notre fragilité ! Mieux vaut donc les cacher... S'il existe un dicton qui dit « pour vivre heureux vivons cachés », il pourrait exister un dicton implicite qui dirait « pour vivre honorablement, mettons nos émotions en sourdine ».

Mais qui nous a expliqué qu'être en colère nous incite à répondre avec agressivité ou à adopter une posture d'opposition ? Cela va de soi certes, c'est du bon sens que de le comprendre, et pour autant, même si nous le savons, aucune piste concrète ne nous est offerte pour réduire le potentiel impact dévastateur que cela a sur notre communication.

Un patron qui se met en colère risquerait de se discréditer auprès de ses collaborateurs ; un président de la République qui aurait peur d'endosser le costume d'un personnage en dehors de la norme pourrait perdre de sa légitimé à occuper la fonction ; un collaborateur enclin à se remettre en question trop facilement et à se dévaloriser tristement pourrait lasser son entourage et finir esseulé...

À l'inverse, la joie génère des vibrations qui confèrent à son auteur des propos plus attrayants, indépendamment du contenu en tant que tel. La joie provoque de l'enthousiasme et a un effet contagieux sur l'auditoire. Les bons orateurs ont pour point commun d'avoir l'air heureux et savent le faire passer, tant dans leur langage verbal que corporel. Ils donnent envie.

Et pourtant… rares sont les outils de communication qui mettent en valeur le rôle spécifique et primordial des émotions dans le langage et leur impact dans la communication, et de fait la relation à autrui !

Vous êtes-vous déjà posé ces questions : pourquoi cette personne vous plaît ? Pourquoi vous sentez-vous bien en sa présence ? Pourquoi les choses vous paraissent évidentes et simples à ses côtés ? Pourquoi vous vous comprenez sans même avoir besoin de parler ?

À l'inverse, avez-vous réalisé les raisons qui font que vous n'adhérez pas aux idées de quelqu'un ? Pourquoi vous ne le prenez pas au sérieux ? Pourquoi vous vous lassez de sa présence ? Pourquoi vous perdez patience et parfois même votre calme face à lui ?

Le facteur clé réside dans ce mot : émotion

- Les personnes qui vous déplaisent sont celles qui vous inquiètent, que vous trouvez bizarres, suspectes, peut-être même vous dites-vous qu'« elles ne sont pas franches du collier ». C'est la peur qui agit et vous fait douter de la valeur de la personne. La méfiance prend place et il devient alors très compliqué d'être convaincu de leur potentielle droiture ou sincérité…

- Les personnes qui vous déplaisent sont celles encore qui vous agacent par des propos excessifs, qui vous font réagir par le caractère injuste de certaines de leurs idées. Elles vous font « bouillir », vous donnent même parfois des envies de meurtre que vous taisez soigneusement ou que vous proférez à voix basse. Vous les remettez alors en cause très facilement… C'est la colère qui prend place et tend à vous rendre contestataire, opposé, combatif pour défendre vos valeurs bafouées par l'autre…

- Les personnes qui vous déplaisent sont celles également qui vous font vous sentir gêné. Vous doutez de vous et vous sentez coupable de ce que vous avez dit, pas dit, fait ou pas fait… Vous vous remettez en cause et préférez finalement vous taire plutôt que de mal dire les choses. C'est la tristesse qui vous envahit et tourne potentiellement en ridicule le moindre de vos faits et gestes.

Et si, en gérant efficacement nos émotions, nous pouvions améliorer notre communication ?

Nous reconnaissons tous, chez nous ou chez les autres, des comportements dus à des réponses émotionnelles non maîtrisées, qui influent sur l'impact de notre communication et de nos relations avec autrui. Parfois, ces réponses se produisent malgré notre volonté de les voir disparaître.

Reconnaissez-vous chez vous un des comportements suivants :

- Parler fort et avec agressivité.
- Ne rien dire alors que les mots vous brûlent les lèvres.
- Ne pas trouver les mots adéquats pour exprimer ce que vous avez sur le cœur.
- Repousser au lendemain la discussion que vous devriez pourtant avoir aujourd'hui.
- Foncer tête baissée en osant dire tout haut ce que tout le monde pense tout bas.

- Pleurer dès qu'un reproche vous est formulé.
- Regretter d'avoir maladroitement fait passer votre message.
- Sortir de vos gonds pour des remarques anodines.
- Rester en retrait au lieu de prendre la parole au sein d'un groupe.
- Autres comportements que vous souhaiteriez changer :

Chacun de ces comportements est le témoin de l'impact de vos émotions dans votre style de communication et le fruit d'une émotion mal gérée. Dès lors que vous avez le sentiment de ne pas parvenir à exprimer ce que vous voulez dire, vous pouvez désormais considérer que ce n'est plus une fatalité, plutôt que d'être tenté de vous dire que « finalement ce n'est pas si important que ça et qu'il faut vous accepter tel que vous êtes... ».

Grâce à la prise en compte du registre émotionnel et de son influence dans votre communication, vous avez l'opportunité de progresser personnellement, de mesurer le poids des mots et leur impact dans les échanges que vous construisez, et percevoir ainsi le rôle clé de vos ressentis dans l'image que vous renvoyez.

En fait, communiquer c'est savoir partager ses émotions afin de toucher son auditoire ou son interlocuteur et permettre que ses propres émotions entrent en résonnance avec celles d'autrui.

Émouvoir, c'est cela !

NOTES PERSONNELLES

NOTES PERSONNELLES

L'ART DE FORMULER LES CHOSES

Rien n'est plus facile que d'être maladroit dans sa communication et pour s'en défendre de penser que ce n'est pas si grave, que l'intention a sans doute été bien comprise !

Et bien non, ce n'est que très rarement vérifié…

Les mots ont leur importance et l'intonation qui vient soutenir le sens aussi. Les mots laissent une trace émotionnelle et participent à l'élaboration du ressenti de celui qui écoute ou entend. Si vous entendez dire « j'ai vraiment l'impression que tu le fais exprès ! », il y a fort à parier que vous pourriez comprendre cette phrase comme un reproche.

Votre ressenti dépendra de l'émotion que génère cette formulation :

- si c'est de la colère, vous allez trouver cette remarque injustifiée et pourrez la considérer exagérée ;

- si c'est de la peur, vous allez vous poser des questions et pourrez éprouver un sentiment d'inquiétude que toute critique génère chez vous ;
- si c'est de la tristesse, vous allez vous sentir peiné et pourrez avoir plutôt envie de rester en retrait que de vous exposer.

Du cercle vicieux...

Il nous est tellement plus naturel d'emprunter les voies du cercle vicieux que celles de la spirale vertueuse. Pour pouvoir en mesurer les effets, il faut d'abord en comprendre les mécanismes.

QUELLE EST LA SPÉCIFICITÉ DU CERCLE VICIEUX ?

1. Interpréter les faits en dénonçant ce qui ne va pas et en imposant son ressenti comme étant la vérité commune.
2. Formuler des reproches parfois agressifs en utilisant le « tu » ou le « vous » accusateur.
3. Exprimer son ressentiment à l'égard de l'autre, parfois même en tentant de le culpabiliser.

Si vous faites en sorte de respecter ces règles (vous n'aurez peut-être pas besoin de trop vous forcer...), il y a de forts risques que vous détruisiez le lien avec autrui grâce à une communication toxique.

Prenons un exemple concret qui, même s'il peut paraître caricatural, illustre bien le fonctionnement en mode « cercle vicieux » que l'on repère facilement chez nos adolescents… Toutefois, nul n'est à l'abri de maîtriser avec art ce fameux cercle vicieux.

Un parent demande à son adolescent de mettre la table alors que celui-ci termine ses devoirs. La formulation spontanée prend cette forme : « Tiens, mets la table, c'est l'heure de manger ! »

EXEMPLE

Comment se traduira la réponse si le cercle vicieux est bien respecté dans ses trois temps par l'adolescent ?

1. « C'est toujours sur moi que ça tombe alors que je suis en train de faire mes devoirs ! Vous me reprochez de ne pas assez travailler, mais quand je le fais, vous me demandez de faire autre chose. Vous voulez vraiment que je rate mes études !! »
2. « Vous ne pouvez pas vous empêcher de m'enquiquiner avec ça. C'est quoi le plaisir que vous en tirez ? Je suis le seul à pouvoir mettre la table ? J'ai du boulot moi, alors que là vous me prenez pour votre larbin ! »
3. « Enfin bon, si c'est ce que vous recherchez vous allez y arriver. Ne soyez pas étonnés qu'après mes notes soient décevantes. Vous l'aurez bien cherché… »

Une telle réaction qui respecte aussi bien les clés du cercle vicieux a de très fortes chances de produire chez le parent une réaction elle-même peu vertueuse... Il risque de se fâcher et de faire à son tour des reproches à l'enfant : « De toute façon on ne peut jamais rien te demander, surtout quand ça ne t'arrange pas ! Par contre quand toi tu as besoin de quelque chose il faut y répondre instantanément. Tu es égoïste et te comporte ici comme si tu étais à l'hôtel. C'est bien simple, tu n'en fais qu'à ta tête et on ne peut jamais compter sur toi ou te demander quoi que ce soit. Merci ! »

La suite est facile à imaginer... L'adolescent se lèvera, pliera ses affaires dans le fracas et commencera à mettre la table avec nonchalance et désinvolture, faisant du bruit et posant les couverts à l'envers... Bien souvent, l'adulte finit par se résigner en se disant : « La prochaine fois je ne demanderai rien, si c'est pour subir ce genre de réaction insupportable... »

À table, la tension sera palpable et la communication particulièrement altérée !

... à la spirale vertueuse

Il existe une manière de s'exprimer qui nourrit la communication, préserve le lien et permet à chacun des protagonistes de « sortir par le haut ». Si c'est vrai...

C'est le chemin de la spirale vertueuse, qui demande, au début, de la vigilance, du soin et de l'entraînement pour porter ses fruits et favoriser formidablement bien la communication entre tous.

OBSERVONS COMMENT FONCTIONNE IDÉALEMENT LA SPIRALE VERTUEUSE :

1. Énoncer les faits et expliquer ce qui éventuellement pose problème, en restant factuel, sans jugement de valeur ni interprétation.
2. Exprimer votre ressenti sous forme de sentiments ou sensations associés soit à la peur, soit à la colère ou la tristesse en utilisant le « je » ou le « nous ».
3. Ouvrir la discussion en sollicitant l'autre sur ce qui pourrait être fait pour faire ou améliorer les choses.

Quelle que soit la situation dans laquelle une tension peut apparaître, la spirale vertueuse est mobilisable. Elle permet à chacun de réaliser combien les mots employés sont importants et combien, lorsque la règle est efficacement appliquée, le lien en sort renforcé et enrichi.

Reprenons l'exemple de l'adolescent cité plus haut. Le parent sollicite l'aide de son enfant, mais veille à formuler les choses avec délicatesse…

1. « Je vois que tu es en train de travailler, mais le dîner est prêt. Il faudrait mettre la table. »
2. « Je pourrais craindre que ça te dérange de le faire, mais j'ai besoin de ton aide. »
3. « Je peux compter sur toi s'il te plaît ? »

Alors bien sûr, vous pourriez vous dire que c'est superflu de prendre toutes ces précautions verbales, juste pour que la table soit mise, d'autant que cette formulation prend 9 secondes au lieu de 3 !

Il ne s'agit pas de le faire systématiquement, mais si vous connaissez la sensibilité de votre enfant et appréhendez sa réaction, les quelques secondes de plus investies dans cette communication vertueuse en valent le prix. C'est à vous d'estimer l'utilité de le faire et c'est précieux quand votre interlocuteur est :

- susceptible ;
- souvent dans l'opposition ou l'évitement ;
- de mauvaise humeur ;
- imprévisible dans ses réactions ;
- affecté de façon transitoire par un événement qui le touche ;
- …

Mais il se pourrait que la réaction de votre enfant ne soit pas très vertueuse pour autant. Il faut alors se demander si vous avez bien appliqué les 3 temps de la spirale vertueuse et si c'est le cas, se dire que vous avez au moins tenté de préserver le climat de la relation et que vous savez à quoi vous en tenir.

La spirale vertueuse bien appliquée, il se peut aussi que votre enfant se lève et vous réponde : « Ok, pas de soucis, je m'en occupe ! »

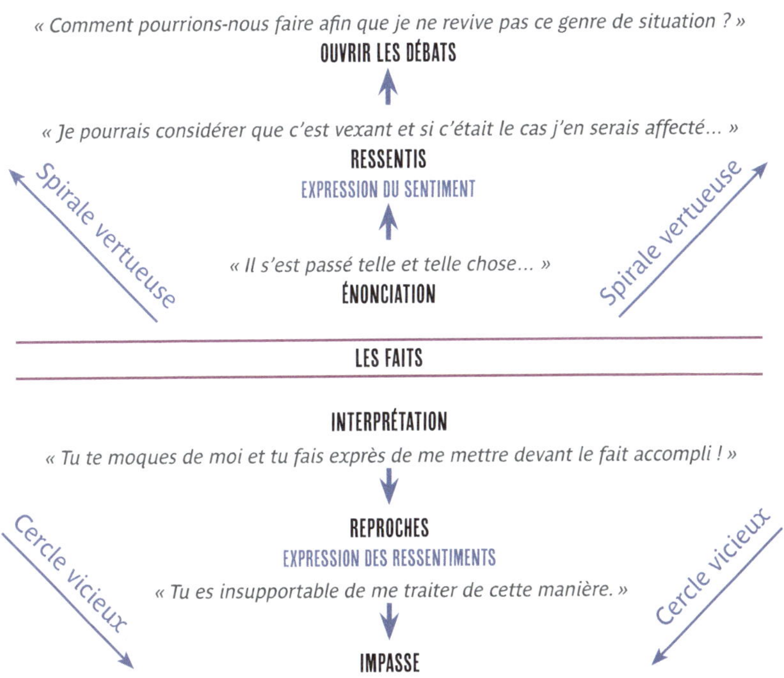

En respectant la spirale vertueuse, il y a plus de chances pour que, d'une part, ce que l'on exprime soit entendu et, d'autre part, que cela favorise l'échange, le débat et préserve la relation, même si les points de vue sont divergents.

Mais imaginons qu'à son tour votre enfant fasse appel aux principes de la spirale vertueuse, sa réponse serait alors formulée ainsi :

1. « J'ai commencé mes devoirs et j'ai quasiment fini. M'interrompre maintenant m'obligera à me reconcentrer et ça pourrait me faire perdre mes idées. »
2. « Si c'était le cas, je serais contrarié de ne pas avoir su vous faire part de cet inconvénient. »
3. « Pourrait-on faire autrement, soit attendre que je finisse, soit que quelqu'un d'autre mette la table ? Qu'en dites-vous ? »

Il y a fort à parier que la réaction de l'entourage à cette réponse ne sera pas la même que dans le cadre du cercle vicieux. L'adolescent pourrait s'entendre dire : « Ne t'en fais pas, je m'en occupe. Termine ton travail et tu pourras m'aider pour d'autres choses. »

Dans le cas du cercle vicieux, le risque est que le parent se montre ferme en imposant sans discussion les choses, ou capitule en laissant faire… Le lien en sera alors altéré.

Dans le cas de la spirale vertueuse, le débat sera sans doute possible et donnera lieu à une négociation éventuelle sur un délai ou l'échange avec une autre tâche à réaliser plus tard. Le lien sera préservé.

Ainsi présentée, la mécanique de la spirale vertueuse paraît évidemment plus agréable, plus efficace et plus respectueuse du sens donné aux situations. Mais encore faut-il passer du stade de la compréhension à celui de l'expérimentation.

En effet, seul le fait d'en éprouver la fiabilité permet de recueillir la preuve que cela fonctionne... mais encore faut-il oser le faire et en respecter soigneusement le *process*.

Enfin, il est à noter que chaque exemple permet de mettre en valeur le rôle du temps et de la forme de l'expression.

Le cercle vicieux se caractérise par l'emploi du présent, voire du passé, ce qui donne à la formulation du reproche un caractère non contestable. À cet égard il est vécu comme imposé et rend difficile son accueil par autrui. C'est la raison pour laquelle le cercle vicieux conduit à une impasse, enferme les protagonistes dans la situation et les invite à la surenchère des reproches...

À l'opposé, la spirale vertueuse se caractérise par le recours au conditionnel dans l'expression, notamment du ressenti. Un ressenti autrement exprimé, au présent, donne au ressenti une valeur incontestable et nous engage vers la pente du cercle vicieux.

C'est très différent de s'entendre dire au présent : « J'ai l'impression d'être remis en cause et ça m'ennuie. Je le vis comme une injustice… » Que de s'entendre dire au conditionnel : « Je pourrais avoir l'impression d'être remis en cause et ça m'ennuierait. Je pourrais le vivre comme une injustice… »

Le niveau d'acceptation d'un ressenti formulé au présent est bien moindre comparé au niveau d'acceptation que produit l'emploi du conditionnel !

Cela pourrait paraître subtil et un peu superflu, mais si vous en testez la portée, vous constaterez combien ça sert le dialogue et l'entente…

POUR RÉCAPITULER SUR LE CERCLE VICIEUX...

Le cercle vicieux est basé sur une interprétation négative des faits : « J'ai répondu à ta demande, mais ça ne sert à rien puisque tu n'as même pas daigné jeté un œil sur le document... » Il y a dénonciation de la situation et utilisation du « tu » accusateur dont la vocation est de faire culpabiliser l'autre.

La formulation emprunte la voie du reproche et ne laisse aucune chance à l'autre : « Tu t'es moqué de moi et ça ne se reproduira plus. Tu abuses de ma gentillesse et il ne faut pas se moquer du monde. »

Enfin, cela conduit l'autre à se justifier et il peut y avoir surenchère dans les reproches de part et d'autre. Si l'autre préfère ne rien dire, il s'agit de toute façon d'une impasse qui conduit les deux interlocuteurs à rompre la discussion...

POUR RÉCAPITULER SUR LA SPIRALE VERTUEUSE…

La spirale vertueuse repose sur une présentation des faits de la façon la plus factuelle, sans aucun a priori : « J'ai réalisé le document attendu et j'ai constaté en arrivant qu'il était à la place où je l'ai laissé hier. » La lecture des faits est neutre.

Le ressenti ne s'exprime que dans un deuxième temps et s'accompagne d'une pondération grâce à l'utilisation du conditionnel : « Je me suis demandé si mon travail avait été correct. J'ai travaillé tard pour le réaliser et je pourrais mal vivre le fait d'imaginer que mon travail puisse être inutile. Si c'était le cas, je serais affecté. »

Enfin, l'ouverture finale vise à permettre à chacun de sortir par le haut et à favoriser une perspective compatible avec les attentes des interlocuteurs : « Ne sachant pas expliquer ce qui s'est passé, je voudrais savoir comment comprendre la situation ? »

L'autre aura plus volontiers envie de se montrer bienveillant dans sa réponse et évitera l'apparition de toute tension potentielle.

Améliorer l'impact de ses messages

À l'aide de la fiche suivante, vous pourrez vous référer à la situation décrite pour vous entraîner à communiquer de façon harmonieuse. Dans la situation qui suit sont envisagées des réponses que vous pourriez avoir envie de formuler, mais qui appartiennent soit au registre du cercle vicieux (~~phrases barrées~~), soit à celui de la spirale vertueuse.

VOUS N'AVEZ PAS ÉTÉ INVITÉ À LA SOIRÉE D'ANNIVERSAIRE DE L'UN DE VOS MEILLEURS AMIS

Les faits/présent ou passé :

Une soirée d'anniversaire a été organisée et vous n'avez pas reçu d'invitation.

Les possibles modalités de communication que vous pourriez adopter :

- ~~Tu sais c'est plutôt nul ta façon de procéder !~~
- ~~Tu ne m'as rien envoyé, comment ça se fait ?~~
- ~~Pourquoi tu ne m'as pas invité, tu as oublié mon adresse ?~~
- J'ai appris qu'une soirée d'anniversaire a été organisée et je n'ai apparemment pas reçu d'invitation.

Formulation du ressenti/conditionnel :

- Le ressentiment : « Il ne m'invite pas et n'a même pas le courage de me le dire en face ! C'est de la pure trahison… »
- Le ressenti : « Je pourrais me sentir blessé si l'intention était une mise à l'écart. »

Les possibles modalités d'expression de votre ressenti :

- ~~Tu sais si tu ne veux plus me parler dis le moi directement !~~
- ~~C'est lâche de faire comme si rien n'avait eu lieu !~~
- ~~C'est beau l'amitié si c'est pour se faire humilier comme ça…~~
- Je pourrais me sentir blessé et je serais affecté de ne pas avoir été invité si c'était ton intention. Je pourrais me demander si tu me considères toujours comme ton ami ?

Ouverture :

- La perspective : « Et s'il ne voulait plus me parler ? S'il ne me considérait plus comme son ami ? »

Votre communication possible :

- ~~C'est clair que notre amitié en a pris un coup et ce sera dur de faire comme si ça n'avait pas existé !~~
- Je préfère t'en parler plutôt que faire les conclusions moi-même. Pour l'avenir de notre amitié, j'ai envie de comprendre ce qui s'est passé. Qu'en dis-tu ?

En résumé et si l'enchaînement des propos est fait, voici ce que donnerait le cercle vicieux : « Pourquoi tu ne m'as pas invité, tu as oublié mon adresse ? C'est beau l'amitié si c'est pour se faire humilier comme ça… C'est clair que notre amitié en a pris un coup et ce sera dur de faire comme si ça n'avait pas existé ! »

Voici ce que donnerait la spirale vertueuse : « J'ai appris qu'une soirée d'anniversaire a été organisée et je n'ai apparemment pas reçu d'invitation. Je pourrais me sentir blessé et je serais affecté de ne pas avoir été invité si c'était ton intention. Je pourrais me demander si tu me considères toujours comme ton ami. Je préfère t'en parler plutôt que de faire les conclusions moi-même. Pour l'avenir de notre amitié, j'ai envie de comprendre ce qui s'est passé. Qu'en dis-tu ? »

De la même façon et dans toutes les situations où une tension émotionnelle est palpable, vous pouvez préparer l'échange (verbalement, par e-mail ou par courrier) grâce à la fiche vierge ci-après afin de vous permettre de préserver un niveau d'échange optimal dans la communication avec votre interlocuteur : manager, collègue, ami, compagnon, famille…

Vous pouvez la photocopier et la remplir aussi souvent que nécessaire.

Situation : ....

....

Les faits/présent :

....

....

....

....

....

....

....

....

Les possibles modalités de communication que vous pourriez adopter :

....

....

....

....

....

Formulation du ressenti/conditionnel :

Votre ressenti

....

....

....

....

....

....

....

Les possibles modalités d'expression de votre ressenti :

....

....

....

....

....

....

....

....

Ouverture :

Votre perspective

Votre communication possible :

NOTES PERSONNELLES

NOTES PERSONNELLES

nuniqu
ragir
conseil
ion
er
ir
nuniqu
ragir
conseil
ion
er
ir
nuniqu
ragir
conseil
ion
er
ir
nuniqu
ragir
conseil
ion
er
ir
nuniqu
ragir
conseil
ion
er

QUAND L'ÉMOTION DEVIENT UN LANGAGE

Comment communiquons-nous ?

Ce que nous ressentons est déterminé par l'émotion qui alimente notre compréhension de la situation à laquelle nous faisons face.

- Arriver en retard à un rendez-vous important peut impliquer d'avoir peur d'être considéré comme non fiable.
- Être bloqué dans un embouteillage alors qu'on est pressé de rentrer chez soi peut générer de la colère vis-à-vis du mode de vie urbain.

Comprendre et éduquer nos émotions, c'est ce qui peut constituer un atout pour aller vers davantage de confort affectif et de bien-être. Chaque émotion de base (ici peur, colère et tristesse) implique des mécaniques émotionnelles (modèle de la chaîne de valeur émotionnelle ou CVÉ) susceptibles d'être mises en œuvre pour parvenir à un plus grand confort relationnel et un bonheur consolidé.

À ce premier modèle (CVÉ) s'ajoute celui des champs lexicaux émotionnels (CLÉ) qui sont des indicateurs très efficaces de la valeur de notre communication et de notre capacité à faire passer des messages conformes à nos intentions.

En effet, chacun d'entre nous fait appel à des champs sémantiques qui appartiennent à des dimensions différentes, et ces dimensions constituent notamment des moyens de parvenir à réguler plus ou moins efficacement nos émotions.

Ce chapitre a pour enjeu d'illustrer le recours aux champs lexicaux émotionnels et la façon dont ils peuvent nous aider dans la construction d'une communication ou dans la volonté de préserver la communication et la relation à l'autre, lors d'une démarche de régulation émotionnelle.

La finalité réside dans le fait qu'il est nécessaire d'enrichir la qualité des liens que nous tissons avec notre entourage, grâce à une communication éclairée.

Coachez vos émotions en vous posant les bonnes questions !

Avez-vous déjà réalisé que dans les questions que vous posez à ceux qui vous entourent, vous pouvez avoir tendance à laisser filtrer votre état émotionnel ? Crainte, frustration, enthousiasme, fatalisme…

....

....

....

....

....

....

Avez-vous repéré dans votre communication une coloration émotionnelle qui pourrait vous être propre ? Besoin de réassurance ? Recherche fréquente d'équité ? Tentative de minimiser votre importance ?…

....

....

....

....

....

....

....

QUEL EST VOTRE CHAMP LEXICAL ÉMOTIONNEL DE RÉFÉRENCE ?

Avant d'aller plus loin dans l'expérimentation de ce que peut être une communication qui s'inspire du modèle des CLÉ, voici un petit test qui vous permettra d'identifier votre champ lexical émotionnel de référence.

Dans la liste suivante et sans regarder la page de cotation qui suit le test, sélectionnez 12 mots qui vous « parlent » plus que les autres dans le sens où ils correspondent à votre manière d'être, de faire, de penser. Les mots sont classés par ordre alphabétique.

Action	Coaching	Culture
Autorité	Comment	Danger
Avenir	Compétences	Dessin
Célébration	Conditionnel	Durée
Certitude	Conseil	Écrit

Engagement
Éphémère
Éternel
Exemplarité
Explication
Explicite
Idéal
Implicite
Imprévu
Influence
Intangible
Intention
Intuition
Liberté

Lien
Menace
Mission
Opérationnel
Parole
Passion
Pédagogie
Perception
Planification
Politique
Pourquoi
Présent
Pressentiment
Preuve

Raison
Réalisation
Résultat
Risque
Rituel
Sacré
Sens
Sentiment
Signe
Stratégique
Surprise
Tangible
Utopie
Vision

Retrouvez et entourez dans le tableau ci-dessous les 12 termes que vous avez choisis dans la liste. Notez dans la dernière case le nombre de mots entourés dans chaque colonne.

Réel	**Imaginaire**	**Symbolique**
Comment	Mission	Pourquoi
Résultat	Vision	Explication
Opérationnel	Stratégique	Politique
Présent	Avenir	Conditionnel
Autorité	Exemplarité	Influence
Compétences	Culture	Lien
Certitude	Intuition	Signe
Explicite	Implicite	Sens
1	1	2

Réel	Imaginaire	Symbolique
Engagement	Utopie	Liberté
Action	Rituel	Célébration
Durée	Éternel	Éphémère
Raison	Passion	Sentiment
Preuve	Pressentiment	Perception
Tangible	Sacré	Intangible
Réalisation	Idéal	Intention
Danger	Menace	Risque
Écrit	Dessin	Parole
Conseil	Pédagogie	Coaching
Planification	Surprise	Imprévu
2	3	5

Résultats du quiz

VOUS AVEZ UNE MAJORITÉ DE MOTS ENTOURÉS DANS LA COLONNE DU CHAMP LEXICAL ÉMOTIONNEL DU RÉEL

Le réel renvoie à ce qui est de l'ordre du mesurable et du tangible. Il se fonde sur le principe de la preuve, de la raison et de la rationalité. Il se réfère de préférence à des certitudes qui permettent de différencier l'explicite de l'implicite. Le doute et le hasard y ont peu leur place et les sentiments sont mis de côté, voire relégués au rang de données non fiables. Le réel s'inscrit dans une logique rationnelle qui se conjugue au présent et reste accessible et démontrable.

VOUS AVEZ UNE MAJORITÉ DE MOTS ENTOURÉS DANS LA COLONNE DU CHAMP LEXICAL ÉMOTIONNEL DE L'IMAGINAIRE

L'imaginaire fait référence à un idéal de développement potentiellement réalisable et se réfère à ce qui peut être « la » mission, à savoir ce qui peut nous apparaître comme essentiel à réaliser à terme. Il n'est donc pas forcément pure utopie. Cet imaginaire se nourrit d'une vision, voire d'une intuition. C'est une perspective d'avenir dont l'enjeu est de proposer une alternative que vous considérez comme stratégique, qui vous fait rêver en termes de projets. L'imaginaire se conjugue au futur. Il peut également inspirer les passions et la fougue affective.

VOUS AVEZ UNE MAJORITÉ DE MOTS ENTOURÉS DANS LA COLONNE DU CHAMP LEXICAL ÉMOTIONNEL DU SYMBOLIQUE

Le symbolique donne du sens, se nourrit des signes qui seront interprétés par chacun, à sa façon. Cette dimension capte l'attention, elle permet à chacun de trouver un support à l'intention qui le guide. Le symbolique se fonde sur ce qui est de l'ordre de l'imprévisible et du sentiment. Il autorise toute explication plausible et nous influence en préservant la liberté d'expression et d'action de chacun. Cette dimension se conjugue au conditionnel car tout y est envisageable.

Le lien avec la chaîne de valeur émotionnelle

À la source du registre des CLÉ, il y a le modèle de la CVÉ et, comme le montre ce modèle, chacun d'entre nous a une sensibilité émotionnelle qui filtre notre vision du monde.

Si votre dominante est celle de **la colère**, vous êtes particulièrement touché par les situations d'injustice, qui peuvent aller jusqu'à vous révolter. Vous pouvez même vous sentir investi d'une mission : intervenir pour rétablir les injustices, veiller à ce que les équilibres soient préservés et prendre la parole ou agir pour rétablir la vérité, restaurer les égalités bafouées ou préserver des valeurs humanistes et/ou écologiques élevées.

Si votre dominante est **la peur**, vous avez pour principe de construire, thésauriser, tenter d'exercer un contrôle sur les événements ou les personnes qui vous entourent. Vous avez du mal à lâcher prise. Planifier, éviter les imprévus et anticiper sont des mots-clés qui vous sont familiers et alimentent votre quotidien.

Si votre dominante est **la tristesse**, vous développez une grande faculté à la remise en question, parfois même de façon excessive. Vous essayez de comprendre ce qui n'a pas marché, ce que vous avez mal fait, ce que vous auriez dû dire… La confiance en soi peut même être ébranlée et le doute, normalement salvateur, vous inhiber. La culpabilité en est le sentiment dominant.

Si votre dominante est **la joie**, vous avez la faculté de voir le verre à moitié plein et vous jetez un regard confiant sur le monde qui vous entoure. Dans les moments difficiles, vous recherchez les opportunités qui peuvent se dégager et abordez les événements avec une forme de sérénité qui tend à « simplifier » la vie, sans l'appauvrir pour autant ni altérer votre sens des réalités.

Cette coloration émotionnelle est également enrichie par votre appréhension du monde selon les trois dimensions de champ lexical qui peuvent constituer un langage à part entière :

- Si vous avez pour dominante **le réel**, vous êtes plutôt attaché aux faits et aux éléments bien tangibles. Dans un dialogue avec une personne ayant pour dominante le symbolique, vous pouvez être mal à l'aise et avoir du mal à la comprendre car vous la considérez comme trop attachée aux sentiments, cherchant toujours à avoir des explications alors que, pour vous, les choses sont juste ce qu'elles sont…

• Si vous avez pour dominante **le symbolique** et que vous échangez avec une personne ancrée dans le réel, vous pouvez la considérer comme terre à terre et incapable de communiquer sur ce qu'elle ressent. Alors que vous vous nourrissez de signaux qui peuvent vouloir dire beaucoup pour vous, l'autre vous semble préoccupé par l'évidence, sans un regard pour les intentions ni les sentiments.

• Si vous avez pour dominante **l'imaginaire**, vous avez à cœur d'agir dans le sens d'une perspective qui vous entraîne, parfois avec exaltation, dans des projets aux allures baroques pour ceux qui sont ancrés dans le réel. Là où vous avez besoin d'intensité, une personne ancrée dans le réel a besoin de raison et de modération, et quelqu'un dont la dominante est le symbolique a besoin de sens.

C'est à la lumière des champs lexicaux émotionnels que l'on peut mieux comprendre ces sensations qui nous font apprécier spontanément quelqu'un, comme si nous parlions le même langage. En fait, nous avons recours aux mêmes champs lexicaux émotionnels...

Le tableau ci-dessous récapitule les différentes typologies associées aux émotions et champs lexicaux qui colorent notre personnalité et notre vision du monde.

	Réel	Symbolique	Imaginaire
Joie	réaliste optimiste	sentimental rayonnant	passionné inspirant
Peur	prudent prévoyant	sentimental soucieux	idéaliste précautionneux
Colère	engagé contestataire	sentimental rebelle	exalté révolutionnaire
Tristesse	réaliste pessimiste	sentimental mélancolique	rêveur altruiste

Ce modèle permet d'analyser toute forme de communication écrite et/ou orale et de déterminer l'équilibre des champs lexicaux émotionnels utilisés. Il peut en résulter une mesure de l'impact de votre communication au regard de votre intention.

En effet, toute surexploitation d'un champ lexical émotionnel par rapport à un autre déséquilibre le message, réduit son impact et l'authenticité perçue par les auditeurs. Il en résulte une dégradation du signal et une interprétation potentiellement erronée du message, amenant à l'effet inverse de celui escompté.

MISE EN SITUATION

Si, par exemple, vous surexploitez le réel et que vous voulez donner une preuve d'amour à votre conjoint(e), vous allez commencer par lui offrir un cadeau comme preuve bien réelle et tangible de votre lien. Si votre émotion dominante est la peur, vous allez craindre que ce ne soit pas assez et allez petit à petit le/la couvrir de cadeaux...

Si son émotion dominante est la peur, il/elle risque de se dire : « Il/elle me cache quelque chose ou quelqu'un... » Si c'est la colère : « Il/elle essaye de m'acheter... » Si c'est la tristesse : « Il/elle essaye de me faire croire que je le vaux bien, mais je sais que je ne mérite pas autant... »

Alors qu'à l'origine vous vouliez simplement lui démontrer votre amour, l'interprétation peut être totalement différente !

Le résultat sera le même si vous surinvestissez la dimension symbolique et que, pour preuve d'amour, vous le/la couvrez de mots doux, de déclarations, etc. À trop haute dose, cela peut générer les mêmes interrogations et frustrations.

Les trois temps de la communication : le réel, le symbolique, l'imaginaire

« QUAND TU VEUX CONSTRUIRE UN BATEAU, NE COMMENCE PAS PAR RASSEMBLER DU BOIS, COUPER DES PLANCHES ET DISTRIBUER LE TRAVAIL, MAIS RÉVEILLE AU SEIN DES HOMMES LE DÉSIR DE LA MER GRANDE ET LARGE. » Antoine de Saint-Exupéry

Les champs lexicaux émotionnels ont pour particularité d'être utilisables aussi bien dans le cadre d'une tentative de régulation émotionnelle (gestion d'une tension émotionnelle) que dans le cadre d'une communication orale ou écrite ayant pour objectif de présenter un projet, un discours, etc.

Toutefois, leur efficacité est dépendante d'une hiérarchie des champs lexicaux émotionnels qui n'est pas la même selon que vous êtes dans le cadre d'une régulation émotionnelle ou d'une « simple » communication.

Dans le cas d'une **régulation émotionnelle**, il est essentiel de respecter l'ordre suivant :

1. Réel
2. Symbolique
3. Imaginaire

La régulation est d'autant plus efficace que les faits sont posés en premier lieu, et que les éléments sont tangibles, concrets et rationnels, débarrassés des ressentis et/ou commentaires inutiles (encore, toujours, quand même…).

Ensuite, le recours au symbolique permet de donner du sens en fonction de ce qui a été ressenti, quelle que soit la « réalité objective ». Ce ressenti, pour être acceptable, doit être formulé au conditionnel.

Enfin, l'utilisation de l'imaginaire permet de définir une perspective commune favorisant une « sortie vers le haut » du débat.

Dans le cas d'une **communication officielle**, d'un **discours** ou de la **présentation d'un projet**, l'ordre à respecter est le suivant :

1. Symbolique
2. Réel
3. Imaginaire

Le symbolique permet de capter l'attention et l'emploi des métaphores associées favorise la capacité de chacun à se projeter dans l'idée de l'auteur et à la visualiser. Il s'agit ainsi de donner du sens, de clarifier l'intention présentée et de faire appel à la force du sentiment.

Dans le cadre de la présentation d'un projet, cela implique d'expliquer le sens qu'il revêt, de nommer le dessein qui nous guide, de rappeler le plaisir qui nous stimule et d'évoquer ce que représente pour nous le fait de se lancer dans ce projet.

Ensuite, la référence au réel inscrit de façon tangible le projet : les résultats attendus, le planning, qui fait quoi…

Et enfin, l'imaginaire constitue un idéal à atteindre, une mission qui nous inspire et la perspective attendue à long terme.

Communiquer de façon impactante

La communication dans son essence a pour objectif d'informer le destinataire, qu'il soit un individu ou une communauté, et de l'influencer dans la compréhension qu'il aura du message de façon à pouvoir comprendre et même, le cas échéant, adhérer au message.

Communiquer implique de réussir à convaincre son auditoire sur la pertinence de votre message, même si certains pourraient ne pas partager votre vision, votre avis ou forcément épouser votre conception.

Communiquer, c'est influencer l'auditoire tout en lui laissant la liberté de penser autrement…

Il est nécessaire, bien souvent, de distinguer ce qui relève de l'influence et de la manipulation. La manipulation est forcément péjorative ! Il n'y a pas de bonne manipulation, ou bien c'est qu'il s'agit d'influence…

La manipulation se repère au plaisir qu'éprouve le manipulateur et à l'inconfort, voire la souffrance, que ressent finalement, sur l'instant ou dans l'après-coup, le manipulé. La manipulation permet au manipulateur de tirer profit de la situation au détriment du manipulé, que l'intention initiale soit avouée ou obscure.

L'influence vise à proposer à tous les protagonistes de tirer profit de la situation, sans que les écarts entre les bénéfices partagés et/ou distincts ne soient sujets à caution. Chacune des parties en ressort avec un sentiment de satisfaction durable qui consolide le lien, là où la manipulation détruit la relation et bafoue la confiance.

Appréhender la communication sous l'angle des champs lexicaux émotionnels, c'est prendre conscience qu'elle répond à des règles strictes qui sont transposables à des univers différents dans la mesure où les processus de communication sont parfaitement transverses !

Qu'il s'agisse de la communication officielle d'un dirigeant d'entreprise, d'un homme politique, d'un conférencier, d'un responsable marketing ; de l'élaboration d'une campagne publicitaire, d'une déclaration d'amour, d'un projet d'études, d'une lettre de motivation… le recours au symbolique, puis au réel et enfin à l'imaginaire, selon les règles du modèle CLÉ, permettra de renforcer l'impact du message.

La force de ce modèle est que lorsqu'on l'utilise, il s'opère une forme d'autorégulation. En effet, une utilisation du modèle CLÉ, selon une approche strictement technique, ne permet pas d'être pleinement efficace. Si le travail effectué n'est pas émotionnellement incarné, la sincérité du message sera automatiquement mise en cause. Toute tentative d'application du modèle sans véritable appropriation personnelle « se voit comme le nez au milieu de la figure »…

VOUS DEVEZ PRÉSENTER UN PROJET D'ÉTUDES PAR ÉCRIT

Symbolique/ressenti/conditionnel

Votre communication :

- Si je m'investis dans ce projet d'études, spécialité ressources humaines, c'est parce que je sens qu'il correspond profondément à mon intention de contribuer dans mon futur métier au meilleur équilibre possible entre performance professionnelle et plaisir au travail.

↓

Réel/faits/présent

Votre communication :

- Intégrer cette école, c'est apprendre à travailler en groupe, partager des idées, promouvoir ses propres convictions et approfondir des sujets de société au cœur de nos préoccupations quotidiennes.
- C'est aussi l'opportunité de développer mes compétences grâce à la qualité d'un enseignement de haut niveau.

↓

Imaginaire/ouverture/futur

Votre communication :

- C'est une formation qui représente un compromis idéal entre une vision à long terme et des enjeux opérationnels à court terme.
- C'est sans aucun doute la possibilité de favoriser la concrétisation d'un avenir professionnel riche en opportunités d'évolution.

Si vous avez un projet à présenter en quelques lignes, une présentation à faire en public, un discours... essayez d'utiliser le modèle ci-après.

Objet de votre communication : ....

....

Symbolique/ressenti/conditionnel

Votre communication :

....

....

....

....

↓

Réel/faits/présent

Votre communication :

....

....

....

....

Imaginaire/ouverture/futur

Votre communication :

Dans le cadre d'une tentative de réduction d'une tension émotionnelle, utilisez la spirale vertueuse en respectant les champs lexicaux émotionnels.

1. Expliquez les faits (réel)

....

....

....

....

....

....

↓

2. Nommez votre ressenti (symbolique)

....

....

....

....

....

....

3. Concluez en élevant le débat (imaginaire)

COMMUNIQUER POUR SE COMPRENDRE MUTUELLEMENT

Vivre harmonieusement ses relations

Mettre en place un système vertueux de régulation émotionnelle est essentiel pour parvenir à entretenir avec les autres les liens les plus qualitatifs qui soient.

Cela ne veut pas dire qu'il faut s'entendre avec n'importe qui ni apprécier tout le monde. Il y aura toujours des personnes que nous ne « sentirons » pas, qui éveilleront en nous des émotions susceptibles de nous installer dans un certain inconfort et qui provoqueront une sensation désagréable, parfois difficile à identifier, mais susceptible d'influencer fortement notre perception de l'autre.

Tenter une régulation émotionnelle peut certes nous permettre de discerner, derrière des apparences peu plaisantes, une personne que nous pourrions avoir ensuite envie de mieux découvrir... mais cela peut aussi confirmer une première intuition, celle d'avoir face à soi quelqu'un d'indifférent à ce qui nous touche. Il y a alors peu de chances que la relation perdure.

DES PROFILS ÉMOTIONNELS PLUS OU MOINS COMPATIBLES

Cela pose la question de ce qui fait que nous nous entendons bien avec une personne plutôt qu'une autre.

Et si, au cœur du lien, se trouvait la faculté que nous-même et l'autre avons à réguler nos émotions, communiquer les uns avec les autres ? On pourrait alors envisager qu'il existe des compatibilités et des affinités plus ou moins grandes entre les personnes selon leur profil émotionnel et leur aptitude directe à communiquer efficacement.

Si votre émotion dominante est la colère, quel est le profil émotionnel avec lequel vous êtes le plus compatible ?

Si votre champ lexical émotionnel dominant est le symbolique, pouvez-vous être compris par quelqu'un qui surinvestit le champ du réel ?

L'émotion régit la façon dont nous construisons la relation à l'autre et la façon avec laquelle nous gérons nos émotions influe sur la qualité du lien que nous entretenons avec notre entourage. Et la communication est le média qui alimente ou détériore le lien ! Il y a ainsi des profils émotionnels qui nous correspondent mieux que d'autres.

Cela ne veut pas dire pour autant que nos amitiés actuelles sont erronées si les profils émotionnels révèlent une compatibilité restreinte. En revanche, cela implique que pour bâtir et préserver une relation de ce type, nous devons fournir davantage d'efforts pour nous comprendre, avoir plus de lucidité vis-à-vis de ce que nous ressentons, montrer plus de vigilance sur notre façon d'exprimer nos pensées et de communiquer, et mettre plus de subtilité dans le partage de nos sentiments.

MIEUX SE CONNAÎTRE POUR MIEUX S'ENTENDRE EN SACHANT BIEN COMMUNIQUER

Mieux se connaître implique donc, au fond, de mieux parvenir à apprécier l'autre dans ses différences, en étant au clair avec nos craintes, nos déceptions potentielles et nos frustrations.

Réfléchir sur soi, sur ses propres ressentis, savoir les reconnaître et les nommer constitue un atout supplémentaire dans notre capacité à entrer en contact avec l'autre et surtout à instaurer une communication compatible. Posez-vous la question de ce qui fait la différence entre une personne que vous appréciez et une autre qui vous laisse indifférent. Vous constaterez que le mode d'expression que l'autre utilise pour parler de ce qu'il ressent est essentiel. La communication est au lien ce que l'oxygène est à la vie...

• Une personne dans le contrôle, animée par la peur de ne pas être à la hauteur de son exigence, face à votre besoin de liberté, pourrait vous paraître faible, se limitant elle-même par le besoin de maîtrise et la difficulté à gérer l'imprévu ou les surprises qui, au contraire, vous enthousiasment.

• Une personne dotée d'un sens inné de la justice, qui s'engage dans des causes sociales fortes afin d'être un acteur de l'équilibre social, face à vous qui doutez en permanence de votre capacité à réaliser des choses d'envergure, pourra vous déstabiliser.

• Une personne qui a le sentiment perpétuel de ne pas mériter ce qui lui arrive, de douter de sa capacité à réussir, face à votre optimisme, pourra vous agacer par ses pertes de confiance et le sentiment dégagé que tout est compliqué...

Chaque situation décrite témoigne du rapport que nous entretenons avec nos propres émotions et de l'influence qu'elles peuvent avoir sur le regard de l'autre et sur notre capacité à le séduire.

Qu'il s'agisse du monde professionnel ou de sa vie privée, nul n'échappe à ses émotions. Nul n'est à l'abri d'avoir peur de ne pas plaire, de se mettre en colère car un tiers lui fait subir une situation injuste ou de se sentir attristé par une très mauvaise nouvelle.

L'émotion est au cœur de la vie et de notre capacité à communiquer et transmettre l'envie. C'est à ce titre qu'il est indispensable de s'informer de ce que le registre émotionnel peut permettre et favoriser : des liens riches et sources d'harmonie sociale, professionnelle et personnelle. Pourquoi s'en priver ?

Mesurer sa compatibilité émotionnelle avec un proche pour mieux communiquer ensemble

La compatibilité émotionnelle entre deux personnes constitue un indicateur fort et fiable d'une entente durable. Certains sites de rencontre ont bien compris que les affinités entre personnes constituent des leviers d'entente potentiels. Ces affinités ont été segmentées par ces sites et d'autres acteurs des réseaux sociaux, selon des critères très variés.

L'un des facteurs clés est l'affinité communautaire. L'appartenance à une même communauté s'appuie sur le processus identificatoire des personnes entre elles, c'est-à-dire qu'elles se ressemblent puisqu'elles ont des points communs essentiels. Et comme le prétend l'adage : « Qui se ressemble, s'assemble ! » Ces dernières années, une multitude de sites de rencontre communautaires ont été créés pour s'emparer d'une partie du marché de la rencontre amoureuse ou amicale. Ils sont fondés sur les critères suivants :

- même religion ;
- mêmes centres d'intérêt (culturels, sportifs) ;
- même origine ethnique ;
- mêmes pratiques sexuelles (hétérosexualité, homosexualité, libertinage) ;
- même réseau d'amis ;
- …

Ce qui n'entrera jamais en compte pour ces sites communautaires, c'est la capacité de chacun de leurs membres à créer un lien émotionnellement compatible avec l'autre et à développer leur aptitude à le communiquer. Or, le profil émotionnel qui nous caractérise conditionne notre capacité à apprécier l'autre et à avoir envie d'aller plus loin dans la relation, les échanges et les modalités de communication. Et l'oxygène qui nourrit cette envie, c'est toujours l'émotion !

- Si l'autre m'inquiète (peur) dans sa communication, je prendrai mes précautions !
- Si l'autre m'agace (colère) par ses propos, je le trouverai de plus en plus insupportable !
- Si l'autre me peine (tristesse) par ses commentaires, je lui accorderai de moins en moins de valeur !
- Si l'autre me procure du plaisir (joie) dans nos échanges, je ferai en sorte de multiplier les occasions de le voir !

C'est sur cette base qu'il vous est proposé, au travers d'un quiz, de mesurer et de « tester » votre compatibilité émotionnelle avec les personnes de votre choix : ami, collègue, parent, conjoint, inconnu... Vous aurez ainsi un aperçu de ce que peut être l'entente entre deux personnes lorsque l'émotion, qui est au cœur du lien, est modélisée et porteuse d'une communication vertueuse et bienveillante.

NOTE À PROPOS DU QUIZ

Pour chacune des situations suivantes, cochez le comportement le plus proche de celui que vous adopteriez, même s'il ne s'agit pas exactement de la façon dont vous réagiriez.

Il ne s'agit pas de choisir ce qui vous paraît bien, mais d'être sincère. Considérez qu'il n'y a pas de bonne réponse. La seule réponse adéquate, c'est la vôtre !

Demandez à la personne avec laquelle vous voulez tester votre compatibilité émotionnelle de faire le test de son côté et prenez soin de ne pas l'influencer dans ses réponses.

Quelle est votre compatibilité dans votre communication émotionnelle ?

1. Vous arrivez seul à une soirée. Parmi les invités, un seul visage vous semble familier.

a. Vous vous demandez si cette personne vous reconnaîtra. Vous verrez bien à un moment ou un autre sa réaction si vous vous en approchez.
b. Vous n'êtes pas dans les meilleures dispositions pour passer une bonne soirée. Vous n'aviez pas très envie d'être là... mais maintenant, autant essayer de passer un bon moment !
c. Ce n'est pas le genre de situation dont vous raffolez. Et si personne ne vous adressait la parole ?
d. On n'est jamais à l'abri d'une bonne surprise ! Peut-être cette soirée va-t-elle très bien se passer.

2. Votre meilleur ami vous demande de lui prêter une somme d'argent que vous jugez conséquente.

a. C'est hors de question. Il arrive trop souvent qu'un service rendu ait des conséquences négatives pour soi-même.
b. Vous vérifiez que c'est possible et vous mettez d'accord sur un échéancier de remboursement avec votre ami.
c. Vous ne savez pas lui dire « non », quitte à vous mettre en difficulté.
d. C'est le genre de demande que vous redoutez. En même temps, il vous semble difficile de refuser.

3. Votre meilleur ami vient de se mettre en couple avec une personne que vous trouvez insupportable.

a. Vous ne vous sentez pas légitime pour lui en parler spontanément. S'il vous demande votre avis, vous exprimerez votre ressenti.

b. Après tout, c'est son choix. Il ne vous appartient pas de lui dire les choses. D'autant qu'il pourrait le prendre mal.

c. Vous êtes très mal à l'aise et considérez que vous n'avez pas le droit de lui faire part de votre avis. Et puis rien ne prouve que votre jugement soit le bon.

d. Est-il possible que votre propre ami se voile la face à ce point ? Cela vous met hors de vous ! Vous ne pouvez pas être complice d'un tel gâchis.

4. Votre groupe d'amis a l'habitude de jouer au loto. Vous venez de valider un bulletin avec les chiffres de leur grille et vous gagnez !

a. Pourquoi avoir utilisé le bulletin du groupe pour jouer ? Vous vous en voulez mais, après tout, c'est vous qui avez payé, il est donc normal que vous encaissiez les gains non ?

b. Vous ne pourrez pas récupérer les gains sans leur en parler avant. Saurez-vous leur expliquer ?

c. C'est une vraie bonne surprise ! Quand ils vont savoir que grâce à la grille du groupe vous avez gagné, ils n'en reviendront pas. Vous leur ferez profiter à votre manière de cet événement.

d. Encore une situation pas simple à gérer. Vous imaginez la réaction de certains qui vont crier au scandale. Vous vous attendez à essuyer des remarques déplacées et ne manquerez pas de les remettre à leur place !

5. Vous avez commandé sur Internet le dernier livre/ CD que vous attendiez impatiemment et rien n'arrive.

a. Vous avez dû vous tromper au moment de la saisie de votre adresse. Ce n'est pas la première fois que l'une de vos erreurs vous prive d'un bon moment !
b. Vous vérifiez que le délai est bien dépassé avant d'appeler le vendeur pour lui faire part de votre mécontentement.
c. Ce n'est qu'une question de patience. Au fond, il y a plus important et vous n'êtes pas à quelques jours près.
d. Vous trouvez le numéro du service client et ne vous privez pas de leur dire ce que vous en pensez ! C'est insupportable que les engagements ne soient pas respectés, surtout que votre argent a bien été débité !

6. Vous êtes prêt à sortir pour une balade tranquille en pleine nature. Un ciel chargé de gros nuages noirs menace...

a. Pourquoi se jeter dans la gueule du loup ? Il suffit d'attendre et vous verrez bien comment le temps évolue.
b. Le mauvais temps semble parti pour s'installer... Rien que d'y penser, vous vous sentez dépité.

c. Vous regardez la météo et prenez de quoi vous protéger si l'arrivée de l'orage se confirme.
d. Ce n'est quand même pas de chance. C'est toujours au moment où vous prévoyez quelque chose de sympathique qu'une contrariété apparaît ! Vous maugréez contre le mauvais sort.

7. Il est tard, vous êtes fatigué. Votre téléphone sonne et l'indication « numéro masqué » apparaît sur l'écran de votre mobile.

a. C'est sans doute une erreur. Qui pourrait bien s'intéresser à vous à cette heure tardive ?
b. Votre curiosité vous incite à répondre.
c. Vous vous dites qu'il est préférable de laisser sonner et d'écouter le message vocal que la personne laissera si c'est important.
d. Vous laissez sonner et n'écoutez même pas le message, en vous disant que vous n'êtes pas à la disposition d'inconnus.

8. Votre conjoint rentre particulièrement tard tous les soirs depuis quelques temps pour cause de surcharge de travail et vous annonce qu'il ne sera pas là le jour de son anniversaire.

a. Vous vous demandez si c'est un oubli ou si c'est intentionnel.

b. Vous tentez de le convaincre de penser d'abord à lui. Le travail peut peut-être passer au second plan ce jour-là ?
c. Vous êtes affecté et vous dites que le travail passe désormais avant votre relation de couple.
d. Vous comprenez la situation mais exigez de votre conjoint qu'il fasse le bon choix !

9. Vous sortez d'un parking et constatez que vous êtes très en retard. Vous êtes témoin d'un incident : un conducteur inattentif accroche le pare-chocs d'un véhicule garé et continue son chemin.

a. Vous arrivez à la hauteur du conducteur et lui signalez qu'il a éraflé la carrosserie d'une voiture.
b. Comment procéder pour faire comprendre à ce conducteur qu'il a accroché une voiture ?
c. Cette vision, pourtant courante, vous est insupportable. Vous rattrapez l'importun et vous adressez à lui avec politesse et fermeté.
d. Qui êtes-vous pour oser imaginer interpeller quelqu'un ? Vous-même vous n'êtes pas toujours irréprochable, alors…

10. Une soirée improvisée semble se dérouler chez vos voisins. La musique est de plus en plus forte.

a. Vous écoutez et vous vous montrez patient. Vous vous dites qu'ils vont bien arrêter à un moment ou à un autre. Et puis aller râler, à quoi ça servirait ?

b. Vous patientez un peu et si vraiment vous êtes dérangé, vous allez leur exprimer le désagrément que cela représente.

c. C'est quand même agaçant d'être mis devant le fait accompli. La moindre des choses serait de prévenir le voisinage... Vous décidez d'aller vous plaindre et sonnez à leur porte.

d. Vous faites comme si de rien n'était. Après tout, ça pourrait vous arriver aussi !

11. Il est tard, un ami que vous n'avez pas vu de longue date tente « l'air de rien » de s'inviter chez vous lors d'une conversation au téléphone.

a. Vous faites valoir un argument qui permet de marquer votre embarras. Il va bien comprendre ! Et puis quand même, ce ne sont pas des choses qui se font.

b. Vous lui exprimez votre gêne et proposez de le voir à une date qui vous paraît plus adéquate.

c. Vous imaginez mal lui refuser de passer. Vous n'aimeriez pas qu'on vous laisse seul si vous aviez besoin d'être soutenu.

d. Vous lui dites tout de suite que ce n'est pas possible. Vous pensiez passer une soirée tranquille et ce n'est pas le moment de remettre en cause votre envie. Vous n'êtes pas à la disposition des autres !

12. Vous recevez une invitation sur Facebook d'une personne dont l'identité ne vous dit pas grand-chose.

a. C'est exactement le genre de choses qui vous pose problème avec les réseaux sociaux. Une réponse bien tournée et vous ne serez plus dérangé !

b. Rien d'urgent, vous vous en occuperez plus tard.

c. Et si vous aviez simplement oublié de qui il s'agit ?

d. Vous prenez le temps de répondre en faisant part de votre ignorance sur l'identité de l'expéditeur du message.

13. Vous aimeriez bien être présenté à une personne qui attire votre attention.

a. Si cette personne vous remarque, vous tenterez peut-être d'aller vers elle. Mais vous doutez de votre aplomb et cela pourrait donner lieu à une situation gênante.

b. Vous prenez sur vous et tentez de faire le premier pas.

c. En même temps, si cette personne vous « snobe », ça ne sert à rien !

d. La situation est ce qu'elle est. Rien ne sert de chercher à tout prix à contacter cette personne, vous pourriez la déranger.

14. Votre ami d'enfance vous annonce que son conjoint l'a quitté sans donner d'explication.

a. Vous connaissez bien votre ami et ce n'est pas le genre de situation qu'il mérite !

b. Mal à l'aise avec le débat qui s'amorce, vous pensez à tous les risques que ce sujet délicat peut entraîner.

c. C'est terrible ! Vous vous sentez très affecté par ses états d'âme.

d. Vous êtes attentif à ses propos et prêt à l'aider à passer au mieux ce moment difficile.

15. Sur la route, le chemin suggéré par votre conjoint va finalement vous faire arriver en retard à votre dîner.

a. Vous réalisez que vous auriez mieux fait de suivre votre propre intuition et en faites part à votre conjoint.

b. C'est souvent la même chose. Vous sentez que vous pourriez avoir raison mais au dernier moment vous vous laissez convaincre.

c. Cette perte de temps vous agace ! La prochaine fois, vous ferez ce que vous considérez être la bonne solution sans écouter l'autre.

d. Ce n'est pas dramatique. Mieux vaut perdre du temps que de ne pas arriver du tout à destination.

PROFIL QUESTION	I	II	III	IV
1	a	b	c	d
2	d	a	c	b
3	b	d	c	a
4	b	d	a	c
5	c	d	a	b
6	a	d	b	c
7	c	d	a	b
8	a	d	c	b
9	b	c	d	a
10	a	c	d	b
11	a	d	c	b
12	b	a	c	d
13	d	c	a	b
14	b	a	c	d
15	d	c	b	a
Reportez dans chaque colonne le total correspondant à vos réponses	5	2	2	6

Résultats du quiz

Une fois votre profil de compatibilité émotionnelle et celui de votre ami, collègue, parent ou conjoint déterminés, reportez-les dans la grille ci-dessous et découvrez votre niveau d'entente émotionnelle. Si vous avez plusieurs totaux « à égalité », lisez tous les profils de compatibilité émotionnelle concernés.

		PERSONNE B			
		I	**II**	**III**	**IV**
PERSONNE A	**I**	A	B	C	D
	II	B	E	F	G
	III	C	F	H	I
	IV	D	G	I	J

VOUS AVEZ LE PROFIL A : LA PERCEPTION PARTAGÉE

Votre relation se fonde sur une perception partagée, riche de précautions dans votre façon d'aborder les événements. Vous aimez tous deux la sécurité. Vous préférez prendre peu de risques, ou très maîtrisés, planifier, thésauriser, contrôler…

Attention à ce que votre duo ne se conforte pas dans des habitudes rassurantes et qu'un jour l'un ou l'autre se sente enfermé par cette prudence devenue envahissante.

Veillez à vous proposer mutuellement des expériences susceptibles de bousculer vos désirs de maîtrise et de pondération, mais de façon modérée. Un brin de fantaisie dans votre communication peut aussi être source de plaisir !

VOUS AVEZ LE PROFIL B : BELLE COMPLÉMENTARITÉ

L'un est attiré par le caractère impétueux de l'autre et le second par la sage prudence du premier. L'audace de l'un est source d'admiration, alors que la modération de l'autre est apaisante.

Une belle complémentarité qui est toutefois le sujet de quelques frictions entre vous dans votre communication quotidienne. En effet, dans des situations de tension, vos « zones de confort » respectives peuvent vous éloigner l'un de l'autre. L'un peut alors être surpris, voire dérouté, par les montées en tensions émotionnelles de l'autre et sa communication « effervescente ».

Parlez de ce que vous ressentez quand l'autre « explose » et apprenez ensemble à faire preuve de tolérance pour préserver votre lien. La richesse de votre relation repose sur une complémentarité qui peut être source d'admiration comme de contrariété.

VOUS AVEZ LE PROFIL C : DONNANT/DONNANT

La vigilance et la capacité à rassurer de l'un font du bien à l'autre. La complémentarité des deux réside dans la faculté de l'un à calmer les doutes et remises en question de l'autre.

Il y a dans votre relation une stabilité qui provient de votre besoin commun de preuves : l'un se réalise dans l'appui qu'il représente et l'autre se nourrit de la maîtrise de son partenaire. Si les deux vacillent, le couple peut être fragilisé et vous vous repousserez alors comme les deux aimants d'un même pôle.

Veillez à ne pas laisser la sensibilité très présente de l'un altérer la communication entre vous et la confiance de l'autre. Votre entente se fonde sur une belle capacité à être chacun une ressource pour l'autre, profitez-en !

VOUS AVEZ LE PROFIL D : LE YIN ET LE YANG...

Votre relation peut, schématiquement, se décrire par l'enthousiasme de l'un et la pondération de l'autre... qui peut aller jusqu'à l'insouciance pour le premier et l'absence de prises de risque pour le second.

La force de votre entente réside dans un échange mutuel : la capacité de l'un à faire rêver l'autre tandis que le sens pratique développé du second ramène le premier à la réalité.

Le risque est celui de la lassitude : celle d'avoir le sentiment de toujours être celui qui initie, s'engage, alors que l'autre peut se laisser porter et finalement oublier de prendre ses responsabilités. La communication peut être du coup à sens unique et s'appauvrir dans le temps. L'un de vous préfère la sécurité, l'autre l'inattendu : veillez ensemble à définir vos zones respectives de confort et d'inconfort pour mieux vous apprécier.

VOUS AVEZ LE PROFIL E : PASSIONNÉMENT

Quand deux passionnés se rencontrent, cela peut faire des étincelles ! Celles de la passion ou celles du conflit, de la rivalité et du rapport de force permanent, d'une communication exaltée ! Votre point de concordance est un même goût pour la justice et le respect des équilibres. Mais votre aptitude commune à vous enflammer constitue le point de départ d'une possible perte d'oxygène dans votre relation.

Apprenez à vous canaliser l'un l'autre, à pondérer vos messages en prenant en compte vos ressentis respectifs, sans en faire une affaire personnelle. Si susceptibilité il y a, elle est le souffle qui éteint la flamme de l'entente... Veillez à attiser cette flamme sans l'éteindre malgré vous !

VOUS AVEZ LE PROFIL F : ÉQUILIBRE PRÉCAIRE

Probablement l'une des configurations émotionnelles les plus subtiles à entretenir, tant la force de l'un peut étouffer l'audace de l'autre.

L'un est aux yeux de l'autre l'incarnation du héros, celui qui combat les justes causes, et la force du second réside dans sa bonté et sa sincérité. Mais il y a un risque que l'un abuse de l'autre.

Cette configuration émotionnelle impose donc de grands efforts d'empathie et de tolérance. C'est à ce prix que le lien peut se nouer de façon durable, profonde, et être d'une complémentarité telle que les sentiments se solidifieront de façon remarquable.

Sans ces efforts communs de communication équilibrée, de la souffrance peut apparaître, en même temps qu'une difficulté à prendre conscience que cette relation peut avoir une dimension « toxique » dont il faudrait peut-être un jour se délivrer si la souffrance perdure et que la communication au quotidien est douloureuse.

VOUS AVEZ LE PROFIL G : DES ÉTINCELLES…

C'est le mariage du lion et du tigre ! Deux tempéraments souvent forts qui peuvent porter la relation vers des espaces inhabituels de conquête, d'ambition mutuelle et de besoins respectifs de se réaliser, chacun dans sa vie.

Priver l'un ou l'autre de sa liberté, c'est mettre en péril son épanouissement et prendre le risque de le voir un jour s'enfuir.

Il y a de multiples occasions de générer du conflit dans cette relation. Faites preuve de souplesse dans l'affirmation de vos messages et ne tentez pas d'imposer à l'autre votre représentation du monde. Il y a de l'enthousiasme en vous deux, qui peut être une source profitable d'entente… à condition de tolérer vos forces respectives !

VOUS AVEZ LE PROFIL H : À DEUX CONTRE TOUS !

Vous vous comprenez sans doute bien et voyez en l'autre un double qui vous sert à la fois de miroir et de source d'inspiration.

Les gens trop extravertis vous effarouchent. Votre relation se nourrit de pondération et de doutes qui font réfléchir. Mais parfois cette aversion de l'exubérance peut vous faire confondre impudeur et enthousiasme. Votre communication peut s'en trouver inhibée…

Veillez à ne pas vous replier l'un sur l'autre ni à vous isoler, ce qui pourrait dans la durée générer une forme d'ennui. Être ensemble pour vous, c'est comme un moyen de mieux supporter à deux ce qui tout seul peut paraître plus difficile. Or, votre relation s'épanouira de façon encore plus riche si vous vous fixez ensemble des défis qui nourriront votre fierté d'être réunis !

VOUS AVEZ LE PROFIL I : ALLIANCES CONTRAIRES

Votre complémentarité impose une vraie maturité qu'un possible écart d'âge peut favoriser. Soit ça fonctionne dès le début, soit il ne se passe rien pendant longtemps, puis peu à peu vos différences laissent présager de vraies et profondes complémentarités.

Les failles de l'un diminuent au contact de l'autre, tandis que les doutes du second éclairent les certitudes du premier pour les muer en partages d'idées. Le risque est de laisser la sensibilité de l'un altérer la part d'admiration qui nourrit le lien. Il n'y a rien de pire dans un couple que de laisser l'un se dévaloriser aux yeux de l'autre et que la communication devienne la lame tranchante qui blesse à chaque parole.

La force de cette configuration émotionnelle repose sur l'attraction qu'exercent des contraires l'un sur l'autre.

VOUS AVEZ LE PROFIL J : ALTER EGO OU ÂME SŒUR ?

Vous semblez vous comprendre l'un et l'autre naturellement. Les choses sont faciles entre vous et vous n'éprouvez aucune difficulté à exprimer ce que vous ressentez. Votre communication est harmonieuse !

Si quelques altercations sont possibles, il ne s'agit en rien de remises en cause profondes de votre relation. Cela reflète juste votre capacité à remettre de l'ordre dans votre relation en toute conscience, car il y a une vraie solidité chez chacun de vous. Il y a ainsi un fond de sérénité qui rend votre relation paisible et apaisante, pour vous et pour ceux qui vous entourent.

Dans le cadre d'une relation amoureuse, veillez toutefois à ne pas déployer une complicité telle qu'elle fasse ressembler votre couple, à terme, à un duo de vieux copains.

Coachez votre relation en vous posant les bonnes questions !

Vous reconnaissez-vous dans ces profils ? Si c'est non, faites-les lire à vos proches, sans qu'ils ne vous jugent et recueillez leurs commentaires éventuels.

....

....

....

....

....

....

....

....

....

....

....

....

....

....

....

....

....

Quels sont les points de force de votre entente que vous reconnaissez, et savez-vous les exploiter au mieux ?

....

....

....

....

....

....

....

....

....

....

....

....

....

....

....

....

....

....

....

Sur les points qu'il peut vous sembler utile de faire évoluer pour renforcer la solidité de votre relation, comment pourriez-vous faire pour ne surtout pas changer ?

Avez-vous le sentiment de savoir oser exprimer vos ressentis à l'autre et que se passerait-il si vous partagiez vos pensées sans hésitations ? Essayez pour voir...

Considérez-vous normal votre éventuel niveau d'entente ? Est-il trop bas, optimal ? Posez-vous la question…

Pourriez-vous avoir tendance à vous contenter d'un lien à l'autre qui ne soit pas véritablement épanouissant ? Si oui, savez-vous dire pourquoi ?

La rupture vous paraît-elle être une issue envisageable ou insupportable ? Sauriez-vous en parler avant qu'il ne soit trop tard ?

ception
muniqu
npatibi
eragir
ustratio
conseil
jet
npréhen
ion
er eptio
stration
ir
ception
muniqu
npatibi
eragir
ustratio
conseil
jet
npréhen
ion
er eptio
stration
ir
ception
muniqu
npatibi
eragir
ustratio
conseil
jet
npréhen
ion
er eptio
stration
ir
ception
muniqu
npatibi
eragir
ustratio
conseil
jet
npréhen
ion
er eptio
stration
ir
ception
muniqu
npatibi
eragir
ustratio
conseil
jet
npréhen
ion
er eptio
stration

À L'ÉPREUVE DE LA COMMUNICATION

SI BIEN COMMUNIQUER ÉTAIT SI NATUREL, LA FONCTION DE « COMMUNIQUANT » N'AURAIT PAS LIEU D'ÊTRE.

Certaines personnalités exposées aux médias ou au grand public n'éprouveraient pas le besoin de se préparer avec des experts issus eux-mêmes du monde des médias, avec des coachs ou des mentors…

Leurs besoins sont bien différents de ceux qui souffrent de timidité et qui éprouvent de réelles difficultés à communiquer et à entrer en relation avec l'autre.

Pour autant, ces deux situations extrêmes impliquent, pour produire une communication de qualité, qu'elle soit à destination d'un public ou d'un simple interlocuteur, de se référer à des principes communs.

Ce qu'il ne faut pas faire…

CONSIDÉRER QUE LES MOTS NE SONT PAS SI IMPORTANTS QUE ÇA…

Le registre sémantique et le vocabulaire sont d'une richesse incroyable, permettant de poser avec subtilité les mots aux endroits adéquats pour qu'ils servent au mieux l'intention de celui qui s'exprime, avec nuance et précision. Nous sommes tentés d'aller toujours plus vite, de nous faire comprendre même dans l'approximation. Utilisez les mots adéquats, même au quotidien, et soyez attentif à ce que la définition que vous en avez soit bien conforme à celle du dictionnaire. Il n'y a rien de pire que de ne pas accorder aux mots le sens qu'ils ont !

CONSIDÉRER QUE COMMUNIQUER, C'EST PERDRE DU TEMPS

Le temps de la parole est précieux et se donner le temps de dire les choses est à la base d'une communication respectueuse vis-à-vis de l'entourage. Se faire comprendre ne se mesure pas à la rapidité avec laquelle les messages sont passés. Certes, certains adages nous rappellent que « c'est beau de parler, mais qu'il faut passer à l'action ». La tentation pourrait être de substituer l'acte à la parole pour plus d'efficacité. Il n'en est rien !

Communiquer, c'est construire une pensée, hiérarchiser ses idées, élaborer des phrases intelligibles et valider la compréhension du message. Qu'on le veuille ou pas, on ne bâcle pas sa communication et elle ne se remplace pas seulement par des actes !

SOUPÇONNER QUE COMMUNIQUER C'EST UN PEU SUSPECT !

La croyance est bien répandue chez certains qui pensent que ceux qui communiquent ont la fâcheuse tendance à en rajouter… et que, forcément, pour vouloir en dire autant, c'est que cela vient masquer des défaillances !

Pour ceux qui considèrent que les résultats parlent d'eux-mêmes, toute mise en valeur par la parole est superflue. C'est faux ! L'acte de mettre en valeur à l'aide de mots justes, qui expliquent les résultats obtenus, valorise et fait reconnaître l'effort de tous à produire du résultat. Communiquer permet de générer de la reconnaissance et celle-ci est au cœur des processus de motivation.

Pour ceux qui considèrent que communiquer est un synonyme de palabrer, c'est bien souvent le moyen de reprocher aux autres ce qu'ils ne savent pas faire eux-mêmes…

Enfin, ceux pour qui communiquer c'est de l'esbroufe ont parfois un problème d'estime personnelle et considèrent, de fait, que ceux qui savent parler ont à l'inverse un problème d'égo surdimensionné ! Si ça peut parfois être le cas, c'est loin d'être une généralité.

ATTENDRE LE VRAI BON MOMENT POUR COMMUNIQUER

De nombreux experts vous affirmeront qu'il faut choisir le bon moment pour communiquer. Mais s'il ne vient pas, il faut le provoquer ! En effet, ce fameux bon moment est dépendant d'une lecture très personnelle de la situation. Il y a toujours un risque à communiquer : celui de se tromper, de bafouiller, de perdre ses idées, que l'auditoire ne soit pas prêt, qu'un imprévu survienne... Communiquer implique d'accepter de s'exposer, d'être critiqué, d'être apprécié. Le bon moment, c'est quand vous êtes prêt !

IMPROVISER EN SE DISANT QUE ÇA VA PASSER...

C'est quitte ou double. Si vous maîtrisez parfaitement votre sujet, c'est envisageable, sinon ne vous lancez pas en minimisant le rôle du travail de préparation. Ceux qui vous donnent l'impression d'être à l'aise dans leur communication ont travaillé pour y parvenir. Bien communiquer, ce n'est pas inné. C'est le fruit d'un apprentissage, parfois rigoureux, en suivant des modèles plus ou moins évolués (communication non violente, programmation neurolinguistique, *feedback*...) ou un entraînement régulier.

SE DIRE « MÊME PAS PEUR » !

Sarah Bernhardt disait : « Le trac, ça vient avec le talent. » Et l'anxiété vient avec la conscience que l'erreur de communication est possible. Cela relève du principe de réalité. Nier l'appréhension d'une communication à enjeux, c'est prendre le risque de nier les enjeux associés à la communication. Cela peut nuire au niveau de performance attendu.

RENONCER À COMMUNIQUER DE PEUR DE PASSER POUR UN IDIOT

La peur du jugement d'autrui est souvent relative à notre propre propension à juger les autres. S'accorder le droit à l'erreur, se faire confiance, c'est d'abord se montrer indulgent à son propre égard, sans que cela ne réduise pour autant le niveau d'exigence.

Ce qu'il faut faire...

PRÉPARER SES MESSAGES

Quel que soit l'enjeu d'une communication, il faut être clair quant aux messages que vous souhaitez délivrer. Les noter, les synthétiser, les hiérarchiser et les mettre en valeur, tout cela participe du travail de communication. Même sur un coin de table, cette préparation peut se révéler précieuse et donner le sentiment à votre auditoire que vous savez de quoi vous parlez !

S'ADAPTER À L'ENVIRONNEMENT

Rien ne sert de vouloir tout contrôler et d'imaginer un scénario précis qui devra coûte que coûte être suivi. Il y a des impondérables, des questions inattendues, des faits imprévus qui peuvent survenir et troubler l'enchaînement de votre communication. Garder le fil, c'est s'ajuster aux changements qui s'opèrent autour de vous, sans montrer l'éventuel désagrément que cela vous cause. Un communiquant qui subit les événements et n'adapte pas son comportement prend le risque de se discréditer. Cela peut être le cas d'un orateur qui continue de parler sous la pluie comme si de rien n'était...

COMMUNIQUER, C'EST SAVOIR ÉCOUTER !

Il n'y a rien de pire que ceux qui dans un débat devancent vos propos en vous coupant la parole, pour montrer qu'ils comprennent bien. Ils n'écoutent pas, ils ne font qu'écouter leur propre pensée en tentant d'imposer leurs idées ou leurs convictions. Ils ne savent pas puiser dans l'intelligence de l'autre les raisonnements utiles. C'est insupportable !

Dans une communication devant un auditoire, écouter c'est mesurer la réceptivité de la salle à votre propos. La salle s'endort, il faut dynamiser et rythmer votre élocution. La salle a besoin de souffler, il faut laisser les silences restaurer le temps de réflexion et de pause.

COMMUNIQUER, C'EST FAIRE DE SES ÉMOTIONS DES ALLIÉES

Vous êtes d'un naturel anxieux ? Rassurez-vous au travers de séances de relaxation, d'une préparation aboutie, d'un partage de vos doutes avec vos proches.

Vous êtes convaincu que ce sera difficile ? Rappelez-vous vos réussites antérieures, admettez que vous avez déjà été efficace.

Vous guettez la moindre menace d'un désordre quelconque ? Faites un travail de développement personnel afin de parvenir au lâcher-prise.

Vous êtes plutôt d'un naturel confiant ? Réfléchissez à ce qui pourrait vous déstabiliser ou donner l'impression à votre auditoire que vous êtes arrogant.

Vous êtes persuadé que vous allez vous planter lamentablement ? Demandez à votre entourage son avis. S'il est confiant, c'est que vous faites un excès de modestie. Si vous le voyez hésitant, « cent fois sur le métier remettez votre ouvrage... ».

COMMUNIQUER, C'EST STRUCTURER SON MESSAGE SELON LE MODÈLE CLÉ

Les champs lexicaux émotionnels (CLÉ) nous enseignent que capter l'attention, convaincre et entraîner avec soi son auditoire repose sur une belle alchimie des dimensions symbolique, réel et imaginaire que le langage peut offrir.

L'introduction se fait par le symbolique. Témoignez votre attachement à votre sujet, exploitez la force métaphorique, nommez l'exaltation ou l'enthousiasme qui vous anime. Puis enchaînez avec le réel, ce que sont les résultats obtenus ou ceux à atteindre, les modalités pratiques, les enjeux opérationnels, le planning, puis clôturez par l'imaginaire pour fixer la perspective à atteindre, la mission poursuivie, l'idéal envisagé et l'avenir que cela prépare ou construit. C'est l'ensemble cohérent qui donnera tout son sens à votre propos et imposera naturellement de la puissance à votre discours.

RENDEZ COHÉRENTE LA COMMUNICATION NON VERBALE

Il n'y a rien de pire qu'un interlocuteur qui communique sans que soient appareillées la communication verbale et la communication non verbale. Un propos sur un sujet qui soi-disant passionne mais énoncé sur un ton monocorde et sans sourire, ça convainc peu…

Veillez à ajuster votre posture, votre regard, votre tonalité, votre rythme verbal et votre gestuelle au contenu de votre communication. Tout désaccord ou toute dysharmonie de l'un avec l'autre crée un malaise et fait perdre de la force de persuasion.

RESTEZ SINCÈRE !

Se forcer à jouer un rôle, cela se sent. La sincérité se témoigne dans le naturel avec lequel vous appréhendez les situations. Restez vous-même, nommez votre ressenti sans l'imposer aux autres comme la vérité absolue, affichez vos doutes comme vos convictions, prenez le temps de réfléchir, rendez les silences signifiants... Tout cela contribue à montrer ce que vous êtes. La sincérité, c'est s'accepter soi-même sans chercher à ce que le miroir renvoie autre chose que l'exact reflet de vous-même.

Imposez-vous à vous-même comme votre meilleur ami...

CONCLUSION

Il est fréquent de constater qu'en entreprise ou dans le cadre de débats politiques, certaines personnalités ont recours à des modalités de communication qui ne prennent pas en compte les champs lexicaux émotionnels qui sont les CLÉS du langage…

Par exemple, un dirigeant qui tient des propos alarmistes sur un monde concurrentiel toujours plus agressif insiste sur les conséquences pour l'entreprise et présente des résultats en baisse (réel). Enfin, s'il conclut en évoquant un futur difficile, exprimant même le risque que l'entreprise ne puisse continuer à fonctionner dans ces conditions (imaginaire), sans aucune référence à la dimension symbolique, le discours ne sera ni impactant ni engageant et détruira même chez certains l'envie de venir travailler !

Le dirigeant qui s'entend critiqué ainsi a tendance à répondre : « Oui, mais c'est vrai ! Je ne peux quand même pas leur cacher la réalité ! »

Il pourrait pourtant inclure du symbolique : « C'est difficile pour nous tous, notre entreprise est chahutée, mais mon intention est de faire en sorte que nous réussissions tous ensemble. Il est légitime d'avoir des craintes, de trouver immérité de devoir autant se battre, cependant, si nous voulons réussir, c'est le chemin que nous devons accomplir tous et avec solidarité, et voilà comment nous allons nous y prendre. » Si, de surcroît, les propos sont tenus avec une sincérité évidente, la communication sera d'autant mieux accueillie.

C'est également parce que les champs lexicaux émotionnels ne sont pas utilisés dans la construction de leurs discours que certaines personnalités politiques provoquent le rejet d'une partie de l'électorat.

Tel président qui surinvestit le réel, en s'occupant personnellement de nombreuses missions, sera perçu de façon suspecte et il gênera par son omniprésence et sa tendance à s'impliquer dans tous les dossiers. Il sera appelé « l'omniprésident ».

Tel autre qui privilégiera d'une autre manière la sphère du réel, en se montrant un président normal, pourra être perçu comme désacralisant la fonction présidentielle (où sont le faste et l'éloquence du symbolique et les rituels de l'imaginaire ?), au point que sa cote de popularité dans les sondages pourra atteindre des bas historiques.

Incarner de façon harmonieuse ces trois dimensions des champs lexicaux émotionnels permet d'avoir une communication équilibrée, source d'échanges riches et utiles, et favorisant la préservation du lien.

La communication est un acte social essentiel qui détermine le niveau de qualité de la cohabitation des communautés qui constituent une société.

Une communication altérée implique une dégradation des relations sociales et fait émerger l'émotion dans son versant archaïque, celui qui est le moins noble… La peur renforce alors le rejet de la différence, les colères alimentent les idées révolutionnaires et la tristesse invite au fatalisme.

Une société a besoin d'une communication porteuse de joie !

La publicité démontre chaque jour que pour impulser l'acte d'achat, tout repose sur la création de l'envie de posséder, de faire, de recevoir, de partager, d'offrir, de donner…

L'oxygène de l'envie, c'est l'émotion positive !

Avoir envie, c'est être en vie, rire, aimer, s'amuser, faire plaisir, participer au progrès social, dépasser les obstacles, vaincre ses peurs, réduire les injustices…

L'émotion est donc au cœur de la relation à autrui et ne pas prendre en compte les impacts qu'elle peut induire dans notre communication, c'est accepter de bricoler une communication défaillante, susceptible d'altérer le lien.

À l'inverse, exploiter tout son potentiel émotionnel, c'est faire du lien une ressource pleine et entière, lequel se nourrit d'une communication éclairée, à la fois accessible et subtile.

Et si nous avions désormais à notre disposition les clés d'une communication pleinement épanouissante…

NOTES PERSONNELLES

NOTES PERSONNELLES

NOTES PERSONNELLES

NOTES PERSONNELLES

NOTES PERSONNELLES

NOTES PERSONNELLES

NOTES PERSONNELLES

NOTES PERSONNELLES

NOTES PERSONNELLES

L'auteur

Robert Zuili est psychologue clinicien diplômé, coach d'entreprise et auteur d'ouvrages sur ses différents domaines d'activité, dont *Les Clés de nos émotions* et *Comprendre les émotions de nos enfants* aux éditions Mango.

Dans le cadre de démarches de prévention sur la Qualité de Vie au Travail, il a créé en 2011 un outil de mesure des niveaux de bien-être et/ou de souffrance des salariés, basé sur les mécanismes émotionnels régulateurs ou non du bien-être. Il considère que l'émotion est au cœur de la relation et joue un rôle clé, trop souvent méconnu, dans notre aptitude au bonheur.

Professeur en École de commerce, intervenant régulier sur les ondes de RMC, il intervient dans les organisations en tant que restaurateur du lien social.

Dans la même collection

Direction éditoriale : Guillaume Pô, Tatiana Delesalle
Suivi éditorial : Iris Dion
Direction artistique : Julie Mathieu
Lecture-correction : Jeanne Mauboussin
Mise en pages : Sophie Compagne
Fabrication : Thierry Dubus et Gwendoline da Rocha

15/27, rue Moussorgski
75895 Paris Cedex 18
Dépôt légal : mars 2015
ISBN : 978-2-317-01701-8
MDS : 76477

Imprimé en Italie chez Deaprinting en février 2015
N° d'édition : A15042